아버지는 아무 말씀 없이
손가락으로 하늘을 가리키셨다

비도 내리지 않은
파란 하늘에

엷은 무지개가 나타난 것을
일곱 자녀가 동시에 목격했다

아파트로 이사하신 아버지

"파묘합니다"
"파묘합니다"

"아버지 놀라지 마세요"
"아버지 놀라지 마세요"

세운 삽날 끝으로 땅을 세 번 찧는 소리가
아버지의 긴 잠을 깨웠다

55년 만의 이사였다
"을사년 윤달 6월 6일
육판바위 아버지 선영을 정리하고
해삼터 납골탑으로 이장코자 하오니
허락하여 주세요"

아버지보다 더 늙은 아들 넷, 딸 셋이
나란히 무릎 꿇고
땅에 이마를 댔다

노인은 출근하듯 등을 보이고 걸어갔습니다

할머니 앞엔
다시 저녁노을이 지고

퇴근하던 남편을 기다리듯
노인이 걸어간 길을 쳐다보며
기다리고 서 있습니다

지팡이에 비친 노을

하산길에 마주친 노부부
"여보, 나 우리 앉았던 벤치에서
지팡이 안 가져왔네, 가서 좀 가져와요"
"어, 알았어"

남편은 군소리 없이 뒤로 돌아
낙타처럼 터벅터벅 오던 길로 되돌아갑니다

낙타처럼 말이 없는 짐승이 또 있을까
남편처럼 불만 없는 사람이 또 있을까

오늘따라 노인의 뒷모습도
낙타의 등을 닮았습니다

할머니가 두고 온 것은 지팡이만이 아닐 겁니다
함께한 젊은 날의 건강, 선명한 기억,
그리고 아직 품고 있는 그리움까지
함께 가져왔으면 하는 마음이겠지요

세 시간 만에 끝난 역모

"네가 지불했구나.
내가 20만 원 보내줄게.
계좌번호 보내거라."

막내인 내가 밥값을 냈으나,
큰형님의 메시지 문장 세 줄을
거스를 수 없었다

세 시간 만에
계좌번호를 보냈다

큰형님이 사용한 마침표 세 개에는
거스를 수 없는 권위가 있다

나는 문장에 마침표를 쓰지 않는다
권위가 없으므로,

달빛 순찰

달빛 내려앉은 관내엔
산짐승도 웅크려 잠들고
풀벌레 소리만 산만하다

점동, 앙성을 통과하는 차도 끊기고
잡음 끓던 무전 소리조차 잠잠하다

어둠이 깔린 남한강변,
순찰차를 세우고
요란한 경광등 불빛도
눈을 감긴다

어부도
고기를 못 잡아 허탕을 치는 날이 있다

쏟아지는 달빛 아래 맨몸으로 서서
텅 빈 두 손
차 안엔 달빛만 가득 싣고
돌아오는 길

앞서 도착한 달이
파출소 옥상 위에서 웃고 있다

'헤븐조선'을 외치는 순간 천사가 될 수 있습니다
세상은 빛을 받을 듯 환해질 겁니다

원하는 것을 꿈꿀 수 있고
뜻하는 것을 이룰 수 있는

아아 대한민국
아아 헤븐조선

헬조선

헬조선이라고 말하는 사람은
지옥의 계단을 걸어 내려가려는 것은 아닌지 생각해 봅니다

스스로 악마가 아닌가 생각해 보아야 합니다
지옥에 악마가 산다지 않습니까
악마한텐 지옥이 천국이겠지요

감옥 정도로만 해둡시다
생각에 갇힌 사람도 수인囚人입니다

감옥만도 어두운데 지옥이라니요

말로 벽을 쌓고 쇠창살을 막는
생각의 감옥에 스스로를 가두는 건 아닐까요

천사는 실수로 지옥에 발을 디뎌도
검은 물이 포도주로 변하듯 천국으로 변할 수 있을 겁니다

높은 도정률에 소화가 너무 잘 될까,
금방 배 꺼질까, 그걸 걱정합니다

삯도 없이 도정해주는 마음 고맙습니다
5분도, 7분도 아닌 백미 같은 시,
안남미처럼 다 날아가면 어쩌죠

도정搗精 김, 남, 권

선생님,
제 시를 깎고 또 깎아,
흰 쌀밥을 지어주시네요
매끄럽고 달아 먹기도 좋은데
살찌고 당뇨 올까 걱정입니다
저는 거친 쌀, 현미 같은 시를 원해요
까끌거려도 솔직해서
건강한 밥을 꿈꿉니다
입맛이 촌스러워 세련미는 모자라나
투박한 진실을 보여주고 싶습니다

퇴고 없는 시 그 자체처럼
거칠고 도정되지 않은 영혼으로 글을 씁니다
면도조차 하지 않는 사내처럼
향수 대신 사람 냄새 밴 채로
변비 같은 고통으로 소화되지 않는 시,
쓰겠습니다
찧거나 쓿지 않은, 투박한 시를 먹고 싶습니다
읽는 사람이 소화불량 일으켜
오래도록 배고픔 잊게 할
꽁보리 섞인 시커먼 현미밥 같은 시를

시인의 마을

시 읽는 이도,
시 듣는 이도
그림처럼 시를 보는 이도 시인이다

시 읽고 눈을 감는 사람
고개 들어 먼 곳을 바라보는 사람
누군가와 어딘가를 떠올리는 사람도
시인이다

시집을 들고 있는 당신도
시의 주변을 나비처럼 서성이는 당신도

꽃과 함께 있듯
시인과 함께 있다가
시에 전염되는 사람도 시인이다

눈물처럼 땀을 흘리고
땀을 눈물처럼 떨구는
사람은 모두
시인이다

빗속의 연인

젊은 연인들과
빗길에 마주쳤다

우산이 두 개인데
하나만 받쳐 쓰고 오는 모습이 예뻐서
길옆으로 비켜섰다

나도 몰래 뒤돌아본
뒷모습이 다시 예쁘다

두 사람은
어깨가 젖어도
김이 오르는데

한기는 내게 몰려왔다

적막한 숲

개구리가 눈도 꿈벅이지 않고
벌레를 노려보고 있다
길고 끈적이는 혀가 튀어 나가기 직전
뱀이 뒤에서 개구리를 응시하고 있다
아무 소리도 나지 않지만
개구리 등에 소름이 끼치는 시간
나무 위에 매 한 마리
두 눈을 가운데로 모으고 뱀을 노려본다
나뭇가지 움켜쥔 발톱에 잔뜩 힘이 들어가 있다

매를 향해 팽팽한 화살을 겨누던 사냥꾼,
문득 뒤를 돌아보다 소스라쳐 그만 화살을 놓치고 말았다

필기체로 쓴다

인생은 필기체
내 손으로 직접 쓴다

사람, 사물과 주파수를 맞추며
망설임 없이 써 내려갈 문장들

진심이 아닌 말
눈빛에 담을 수 없는 이야기

슬픔과 근처를 서성이는 죽음까지도
종이에 써서 버려야지

감추고 덮으면 악취만 감춰질 상처는
덧나고 곪아 썩기 전에 끄집어내
햇살 아래 널어야지

종이 위에 글씨로 올려놓고
고통이 마른 글이 되도록 건조시켜
새털 같은 문장으로 날려 보내야지

휘갈겨 써도
알아볼 수 있는
필기체로 써야지

젊었을 땐 어떤 모습이었을까,
겨울 저녁 해는 짧았다
그만 내려가시도록 권하고 헤어졌다

내 아버지처럼 늙을 수 있다면 좋겠다

죽어지지는 말고
버리고 갈 것만 남아 홀가분한 노년,

아버지가 그곳에 계셨다

아버지

산에서 눈 깊은 아버지를 만났다
벤치에 앉아 계셨는데, 눈이 마주쳤다

허리를 깊이 숙여 인사를 드렸다
나도 가끔은 어린아이들에게 그런 인사를 받으니까

아버지의 허리가 더 많이 굽은 듯했다
오래 살면 자연스럽게 겸손한 몸이 되는 걸까
곁을 내주시기에 조용히 앉았다

주머니를 뒤적이시더니 사탕을 건네주셨다
뭐라도 하나 주고 싶으셨나 보다

산 아래를 내려다보는
눈빛도 따뜻하시고
말씀 나누다 보니 총기가 맑으셨다

거꾸로 가는 시계

낯선 부대로 전출 가 고문관이 되는 꿈을 꾸었다
시계를 보니 시간이 거꾸로 흐르고 있었다
숨을 멈추니 시간도 멈추었다

다시 시계를 들여다본다
손등에 있어야 할 용두가 팔뚝 쪽에 와 있다
거꾸로 삼십 년이 흘러갔다

보름 후면 말년 휴가 나오는 큰아들이
입대 전 사 준 시계

"바로 차고 순리대로 살면
물 흐르듯 시간도 흐를 거야"

아들의 말은 계시였을까

아들이 먼 시간을 걸어올 때
나는 좁은 시간 속을 살고 있었다

바로 차면 내가 시간을 보고
거꾸로 차면 너에게 시간을 보여줄 수 있는
그런 시간을,

사라진다는 말

살다 보면
'살아진다'는 말 앞에서
걸음이 멈춰진다

아니, 그럴 리 없다
'살아진다'는 말은
곧 '사라진다'는 말

살아간다는 것은
내가 나를 위해 사는 방식
'살아진다'는 것은
마지못해 남을 위해 살아주는 것이다

그래서 '살아질 거라는 말'은
스스로 '사라져 가겠다'는 말이다

사라진다는 말은 결코 사라진다는 말이 아니다
기필코 '살아내야' 한다는 말이다

상감님 영감님
상감 영감 불러도
다 알아듣고 쳐다보는데

눈빛만 봐도 알아
부를 일도 없고
할 말도 없어

호칭을 경감해도
절약되는 게 없어서
이대로 감, 감, 무소식으로
살아도 좋겠다

두 경감 이야기
-警監과 輕減

한상대 경감과
정영대 경감이 근무하는
말 많은 부론富論 파출소

호칭도 길고 받침도 무거우니
말 무게를 경감시켜보자고

한상대 경감님은 한 경감님 대신 한 대감님
정영대 경감님은 정 경감 대신 정 대감님이라
서로 줄여 부르다가

그것도 무거워

한 대감 정 대감
부르기도 하고

소유한다는 건

많이 가지고 싶다면
손바닥을 평평하고 넓게 펴서
가만히 올려두세요

조금 더 욕심이 난다면
손가락을 오므려
한 움큼을 만들어보세요

하지만 영원히 갖고 싶고
놓치고 싶지 않다면
그저 움켜쥐세요

손바닥을 펴지 않는 한
그것은 영원히 당신의 것이겠지만
아마 가진 것은 그리 많지 않을 겁니다

그러나 한 가지 기억해야 할 것이 있습니다
다른 어떤 것도 가질 수 없다는 것입니다

벚꽃 구경

어젯밤 벚꽃 구경
참 잘 다녀왔네

눈 한번 껌뻑일 때마다
기억에 저장되라고

찰각 찰각,
수도 없이 감탄하며 셔터를 깜빡거렸다

오늘 저녁 꽃잎은 벌써 아스팔트에 날리고
내일은 거칠게 비가 내린다는데…

피기도 전에 지는 삶도 있더라
한 번이라도 서로를 더 껴안자

사랑한단 말도 물 쓰듯 다 퍼 쓰고
꽃잎처럼
가볍게 날아가자

고양이로路

고양이처럼 살겠다
토끼든 개든 쥐든 차별 없이 안고 핥으며
화나도 겨우 냥편치나 몇 대 날리고 말자

생각이 많은 듯 생각 없이 살다가
사냥 본능 잃어 쥐에게 쫓겨도
평화지상주의를 고수하며 살겠다

하루의 삼분의 일은 잠을 자고
소리 없이 걸어 산책을 나가겠다

자동차 쌩쌩 다니는 길만 조심하면 되는
고양이로路

가끔 쥐나 뱀 잡아주는 아르바이트처럼
재수 없이 찬물 뒤집어쓰는 날에도,
담장 하나 정도는 손 안 대고 뛰어넘을 수 있지만

포식자의 본능은 발톱처럼 감추고
연한 발바닥을 드러내며 보드랍게 살겠다

경청 傾聽

귀만 기울이지 않겠습니다
몸을 기울여야 따라지는 술병처럼
영혼까지 당신을 향하겠습니다

담장 너머로 목을 길게 빼고
그대 있는 곳으로 기울이며 서 있는
능소화가 되고 싶습니다

기울어진 땅에선
반대쪽으로 몸을 기울여
두 발로 중심을 잡고

삐뚤어진 입으로도
말은 바로 하는 사람이 되겠습니다

이리저리 기울다가도
끝내 바로 서고 마는 사람이 되겠습니다

나비와 벌의 말을 듣는 꽃처럼,
바람의 전언에도 귀 기울이는,
그런 사람이 되겠습니다

해가 떠오른다
뱃전에 내려앉아 햇살을 견디며
날아오를 힘을 비축하고
다시 날아올라 기류를 탄다

아직 보이지 않지만
내려앉을 곳과 먹이가 있다는 확신으로
두 날개를 버틴다

어제처럼 해가 바닷속으로 잠기는 것과
물속에서 별들이 떠올라
제자리 찾아가는 장면을 본다

항구의 불빛과
어부들의 굵은 목소리가 들리면
정박한 뱃전에 내려앉아
날갯죽지에 고개를 묻고 단잠에 든다

비상 飛上

우리는 걸으면서 쇠똥구리가 된다
인간과 문명의 배설물을
말똥처럼 굴려
지구만 한 삶을 굴린다

시시포스가 되어 짊어진다
어깨의 살갗이 벗겨지고
팔뚝 근육에 굵은 혈관이 불거져도
굴복하지 않는다

바다를 유영한다
각자 흘린 눈물에 잠기지 않으려고
팔을 휘젓고
따뜻한 해변에 눕는다

눈을 감고 갈매기가 된다
해변에 누워있는 나를 내려다본다
노을 붉은 수평선을 맞이하고
바스라진 별 뿌려놓은 하늘을
위태로이 날아간다

'사랑은 연필로 쓰세요'를 노래하던 인기 가수도
세월이 지나자 잊혀져버렸다
책갈피를 따라 지우개가 지나간 자리마다
흔적이 남았다

落書낙서가 樂書낙서였기를
연애소설 한 권 읽으려다
미래의 연애박사를 만났다

연애박사

빌려온 책의 첫 장부터
꾹꾹 눌러 쭉쭉 그은
낙서를 만났다

목구멍 안쪽에 뜨거운 단어들이
실탄처럼 장전되고
도끼눈으로 정조준하는 순간

혼자 엎드려 놀고 있는
어린 타깃의 까만 뒷머리가 보였다

도끼눈 대신 반달눈을 뜨고
마음은 무장해제 되었다

볼펜 아닌 게 어디랴
책을 잡았으니
머지않아 책을 읽는 사람이 될 테고
그림을 그리는 사람이 될 수도 있을 것이다

제4부

필기체로 쓴다

땅에서 찾은 별

고개 숙이고 걷던 날들아
이젠 안녕
앞만 보고 걷겠다

흙먼지 아스팔트 진흙탕보다
하늘의 별과 구름을 보려 한다

나도 몰래 고개를 숙이고 걷는데
발밑에서 들리는 작은 소리가 있었다
키 작은 꽃이 손을 흔들고 있었다

무릎 꿇어야
보이는 별도 있다

김치 짬뽕 국물로
부리와 대가리를 뻘겋게 적셔가며

새 아침 햇살 아래 단합을 결의한다
'오늘 하루도 잘 살아내자'

비둘기에게 배운다
공존의 의미를,

공존의 아침

비둘기가 평화의 상징이 된 이유를 알았다
도망가지 않기 때문이다

사람도 저와 같이
싸움을 원치 않는다고 믿는 것이다

걷어차려고 다가가는 사람까지도 믿는 것이다

한 마리가
음식 쓰레기 비닐봉지를 찢는 데 성공했다

대박을 터뜨리고도
독식할 줄 모르고

다가온 동료들과
사이좋게
이른 아침을 해결한다

오산誤算

작은 상처는
소처럼 되씹으며

큰 은혜는
당연한 듯 잊고 산다

내 상처는 채권이라
끝내 청구하면서도

받은 은혜가 채무라는 것을
고개 돌려 외면한다

계산이 틀린 줄 알면서도
맞는 답을 부정한다

남자는 땅, 여자는 하늘

아내를
날씨라고 생각하세요

그 말을 듣고
나그네가 되었다

비 오면 우산을 쓰고,
바람 불면 옷깃을 여몄다

일체유심조라고
마음을 바꿔 먹었다
"나를 대지라고 생각하겠어!"

비바람 불거나 말거나,
폭설이 내리거나 말거나

콧방귀 뀔 수 있는 구경꾼이 되었다

부끄러워하지 말자

'가끔은 격하게 외로워야 한다'를 읽다가
버지니아 울프가 진짜 늑대인 줄 알았다는
문화심리학자 저자 덕분에

신경림 시인이 여자인 줄 알았던 내가
덜 부끄러웠다

이래서 책을 읽는가보다

안소니 퀸이 여자인 줄 알았던 사람도
랑게르한스섬이 외국 어느 곳의 섬인 줄 알았던 사람도

이제,
부끄러워하지 않아도 된다

부채질

여름 내내 합죽선을 들고 다녔다

바람 맛은 선풍기보다 손 부채가 좋았다

부채 바람은 누구에게나 가벼이 나눠 주었는데

부채도 나눌 수 있을까

날은 덥고 부채질이 더 더워

이제 더는 못할 부채질

처서에도 더위는 처분되지 않았고

빈손에 들린 부채도 버려지지 않았다

부채의 살이 무게로 얹혔다

부채負債는 들고 다니는 것이 아니라

등에 지고 가야 하는 짐인 것이다

어금니 두 개

청춘을 앓던 두 아들이
둥지를 떠났다

방 두 개 빈자리에
선선한 바람이 드나든다

웃는 것과 말하는 것이
받침 없는 글자 읽듯 편안하다

어금니 없으면

이 악물고 살지 않아도 되고
물어 뜯어가며 살지 않아도 되니

이제야,
내 청춘도 끝났나 보다

기억해내야 할 것

땅에 엎드려야 겨우 보이던 풀꽃,
그 작은 경이에도 커지던 눈동자,
이젠 감탄을 잃었다
세상 모든 것이 놀랍고 설렘이던 눈빛은
물기를 잃어버렸다.
실반지 하나에도 미소 지으며
감사하던 동근 입술은
굳게 닫혀버렸다
김밥 떡볶이 순대를 '김떡순'이라 부르던
소박한 행복 가득했던 입맛
여행의 낯섦 속에서
나를 발견했던 기쁨은
소비의 물결에 잠겨 버렸다
숨 쉬는 것만으로도 애드벌룬처럼 커져
산도 되고 하늘도 되고 바다도 될 수 있는데,
소중한 순간들을
허무함으로 채우고 있다
보고 싶고
그리운 게 사랑이라면,
필요한 건 거리와 그만큼의 시간이라는 걸
다시 기억해 내야 한다

시인의 정원

부끄러운 시를
계속 쓰다 보면

부러워하는 시도
쓰게 될까

불필요한
조사 부사 문장들이

'끄'처럼
툭 떨어져 나간 자리에

어느새 작은
꽃 한 송이처럼
활짝 웃는 글자들이 피어날까

떨어진 꽃잎처럼
버려진 문장들이

다음 해에
꽃으로 필까

벌새 할머니

사람이 죽어야 부조를 하나요
나, 오늘 살아계신 할머니께 미리 부조했습니다

산목숨 부러 죽일 수 없다며
한 숟가락씩 드시려다

문밖에서 사라진
오만 원짜리 잡꿀 한 병

택배기사는
배달 완료 사진을 보여주고

절도사건은
수사 중이지만

원통해 잠 못 이루다
차마, 돌아가실 것 같아서

원예농협에서 같은 것 하나 사 왔어요

벌새만큼 작아진 할머니,
이제 잘 숨겨 놓고 드세요

보기엔 까칠해도
서로 부딪히고 깨지는 별 하나 없이
다들
안녕하다

상황실! 상황실!
관내
하늘 땅
근무중 이상무!!

순찰하는 사람은 손을 모으지 않아도
늘 기도를 한다

내 엄마와 내 아이들의 엄마도
같은 마음으로 했을 기도

야간 순찰

경찰관의
관내에는
하늘도 포함된다

밤하늘
별들의 길도 살펴보는
야간 순찰

사방
광해 무리의 훼방에도
제 갈 길 가는
북두칠성
카시오페이아

한 곳에
말뚝 근무 중인
북극성

당신이라는 풍경

벽 같은 사람
비바람 막아 줬고
쉴 곳이 되어 주었네

날씨 같은 사람
비 되어 눈물 감춰 주고
바람 되어 시름 날려 주었네

곰 같은 사람도
팔베개는 해주었는데

하늘 같고 바다 같은 사람
푸르딩딩 멍든 얼굴만 보여주네

향수 鄕愁

향수 香水에는 향수 鄕愁가 없어요
향기는 있지만, 마음을 움직이는 냄새는 없죠

향수 鄕愁를 불러내는 냄새들은 따로 있습니다

고향 집 굴뚝에서 피어오르던 연기 냄새,
마른 풀 태우는 구수한 냄새,
엄마 옷에서 풍기던 반찬 냄새,
골목 끝에서 우리 집을 알려주던 밥 냄새,
잊었던 허기마저 일깨우던 된장찌개 냄새가
그런 냄새들이죠

아무리 좋은 꽃향기도 향수병에 갇히면 생기를 잃고,
흙냄새 나는 화단에서 살아납니다

냄새 속에는 세월의 깊이와 이야기들이 담겨 있으나,
향수 香水는 불량 식품처럼 달아요

오래된 책 속에서
글 향기가 나지 않던가요

잃어버린 음역

필요한 말만 하던 사람
마음의 소리도 침과 함께 삼켰다
심장처럼 쉬지 않던 깊은 곳의 목소리,
나비 숨결처럼 여린 속삭임
무심음역대
아무리 말을 해도 목소리가 쉬지 않는 곳
어쩌면 내 안에도 그런 곳이 있었을까
감정을 싣지 않아도
소리치지 않아도
흐르는 강물로 존재하는
고향 같은 그곳
말들이 지치지 않고 흐르며
내뱉는 숨마다 울림으로
세상 속으로 스며들까
다시 돌아가아 할
나의 무심음역
그곳에서 말하고 싶다
내 안에 잠들어 있던 소리들을,
울림으로 환생시키고 싶다

농담 같은 진실

내가 "숨을 쉰다" 말하거나
내가 "너를 사랑한다" 했던 말은
모두 농담이었다

그저 어설픈 말장난이었을 뿐
겨우 숨을 잠깐 참아보거나
미워할 수만 있을 뿐이었다

어림없는 일
숨은, 신의 뜻과 같은 리듬으로
의지와 상관없이 쉬어지고,

다음 숨을 갈구하듯
사랑도,
저절로 그리되는 것이어서

결국 너에게로 흐르는
피할 수 없는 물길이었다

그러니 "사랑한다"는 말은
얼마나 무심한 농담이었던가
이미 온몸으로 사랑하고 있으면서

우리 사는 모습도
곡선을 닮았습니다
물줄기를 찾아 뻗는 나무뿌리도
가는 곳을 아는 강물도
굽이굽이 길을 찾는 것처럼요

비켜 가며 사는 모습이 둥글고,
웃는 얼굴도 둥글지 않던가요

상처 입은 사람이 또 다른 상처를 내기도 합니다

꺾여도 되는 사람은 없습니다
꺾인 마음에 아파할 사람도 없어야 합니다

소나무를 닮지 마세요

소나무를 닮지 마세요

굳건한 마음은 때로 모질게 버려지곤 합니다
지난겨울, 숲속에서
가장 많이 상처 입은 건
소나무의 가지들이었지요

꺾인 가지를 볼 때마다
제 마음도 가지 끝에 찔렸습니다

꺾는 힘도, 꺾이는 모습도
직선의 모습을 하고 있습니다
곧게 뻗어 사람을 향합니다

아름다움은
곧은 곳이 아니라
굽은 곳에 깃들어 있습니다

그러려니, 받아들인다
그대로 두어도 괜찮아
그냥 있어봐
그저 바라볼 뿐
그럴만해 그랬겠지

뒷말이 생략되어도 좋을 '그'의 매력

'그'로 시작되는 이해와 소안 所安[*]

그렇지, 네 말이 맞아
그렇구나, 이제 알겠어
그랬구나, 그랬던 거였네
그럴 수가, 놀랍다

그럴 수 있지, 이해해
그래도 돼, 괜찮아
그래? 정말이야?
그래요… 듣고 보니 그러네
그랬어? 그랬구나
그럴까? 생각해볼게
그러니? 네 생각은 그렇구나
그러면, 이제 어떻게 할까?
그러시든가, 당신의 뜻대로
그러실 줄 알았어요, 역시나
그러라 그래, 신경 쓰지 않겠어
그럽시다, 함께 해봐요
그게 대수냐, 별일 아니야
그런 사람도 있는 거지 나도 그래

---

[*] 소안은 마음의 평화와 안식, 그리고 편안한 이해가 있는 상태

봄날의 취기

봄꽃 향기에 취하니,
어떤 꽃인지도 모르겠네

주정酒酊이 어찌 시詩가 되겠나
토해 놓은 것이 꽃잎전花煎 될 리 없는데

넘어진 자리는 기어이 꽃자리요
베고 누운 것은 영락없이 꽃바람이었다

바람이 웅성거린다

그는 나지막이, 시답잖은 소리를 중얼거렸지

"고목에도 꽃이 피니,
지나온 세월이 다 향기롭구나"

어떤 대화

오늘도 말을 배웠다

(1)
"저 새끼 여자 갈아탔다"
중학생 여자애들 몇이 길을 가다가
아는 남자애가 여중생과 하는 얘기를 들었다

(2)
어머니는 어떠시냐?
노치원 다니신다

연세가 어떻게 되셔?
안즉 애들이여
여든아홉.
친구가 내게 했던 말이다

(3)
"어머 경찰관 얼굴이 연예인 같아요"
출동 현장에서 들었던 말이다

말의 경지를 가늠하기 어려워
얼굴이 화끈거린다

칼로 사람 찌르거나 협박하는 일이 줄어들었지
칼을 떨어뜨려 발등을 다치는 일도 사라졌네
이 소식은 옆 마을로 퍼져나갔고
모두 칼끝을 둥글게 갈았네
늘 칼을 사용하면서도 불안함에 시달렸는데, 이 변화는 큰 안도였지
사람들 생각했네. "그래, 주방 도구는 주방 도구답게!"
마을 사람들은 정부에 강력히 촉구했네.
칼을 뭉툭하게 제조하도록 법을 만들어달라!
나라는 뾰족한 칼 일반인 소유 금지법 제정했네
날카로운 칼은 꼭 필요한 이만 허가받아 소지하게 되고
어기는 자 엄한 벌 받게 되었지
집에 뾰족한 칼 반납하면, 뭉툭한 새 칼로 교환해 주었네
칼끝이 뭉툭해진 후, 마을은 더없이 안전해졌어
아무도 다른 사람에게 칼 겨누지 않았네
칼을 겨누던 잔인한 마음 사라지자
약하고 선한 사람들은 비로소 안도의 한숨
뾰족하고 날카로웠던 사람들의 마음도
칼끝처럼 둥글고 뭉툭해졌네
흉기로 요리하는 사람들은 더 이상 없었지
칼끝을 뭉툭하게, 마음을 편안하게
이 평화로운 주문처럼 마을은 안전하고
사람들은 행복하게 오래오래 살았다네

뭉툭한 칼끝

아주 먼 옛날, 평화로운 마을
집집마다 요리 칼 있었네
얇은 양파, 달콤한 당근, 아삭한 배추…
칼은 필요했지만, 문제는 날카로운 칼끝이었지
보기만 해도 무서웠거든
음식 써는 데 좋았으나, 뾰족함은 왜지?
아주 오래전엔 필요했을까?
지금도 여전히 모든 칼은 날카로운 끝을 가졌네
간혹 악한 마음 품은 자, 칼을 흉기로 썼고
선한 이마저 화나면 자신도 모르게 집어 들었네
과도, 식칼, 회칼… 찔려 다치고 목숨 잃는 일 허다했지
자식이 부모를, 남편이 아내를, 아우가 형을…
끔찍한 사건들 뉴스에 끊이지 않았고
정치인마저 칼에 찔리는 충격적인 소문도
어떤 이들은 요리 아닌 사람 찌르는 연습까지 했다 했네
어느 날, 마을에 사는 현자가 깊이 생각했어
"칼끝, 요리엔 필요 없어 왜 이리 뾰족한가?"
과감히 망치 들어 톡톡 내리쳤지 뭉툭해진 칼끝
처음엔 어색했지만, 고기 자르고 채소 다듬는 데 문제없었네
돌에 갈아 둥글게 만드니 요리마저 편해졌지
그의 뭉툭한 칼, 마을 사람들 처음엔 의아했지만
이내 지혜를 깨달아, 너도나도 칼끝을 뭉툭하게, 둥글게 갈았네
신기하게도 그때부터 마을에서

제3부

부끄러워하지 말자

외로움 처방전

어떡하면 외로움이 지워질까요?
AI는 모과 맛 나는 떫은 처방을 내주었다
고대 그리스 의사가
시를 처방했다는 말이 기억났다
외로울 땐
뒤돌아 자신의 발자국을 보며 걸었다는 시인처럼,
소리 내어 시를 읽고
혼자 들었다
욕이 섞인 구절은 두 배 큰 소리로 터뜨렸다
우물을 내려다본 시인처럼
거울 앞에 헛웃음 지으며 춤을 추고
글쓰기와 음악 듣기를 처방하고
SNS 세상에서 위로를 구했다
소울 푸드인 매운 라면을 처방하고
파 송송 계란 탁 대신 청양고추를 넣었다
눈물 대신 땀이 났다
두 팔로 나를 안고 내 머리를 쓰다듬었지만
이 위로는 셀프학대가 되었다
마이너스통장에서 용돈통장으로
한 달을 이체했다
금융 처방의 약효는 짧고
비워진 통장에
가득 찬 것은 외로움 대신 괴로움이다

여로 旅路

그의 등과 어깨는 비어 있으나
큰 짐을 올린 것처럼 굽어 있다
큰 눈은 모래 먼지로 껌뻑거렸으나
눈물은 나지 않았다
피부의 덮개는 두꺼웠고
관절은 나무뿌리가 되어있었다
언제 어느 곳에서 털썩 무릎을 꿇을지 모르는 낙타처럼
눈앞에 보이는 목적지 앞에서 멈춰 설지도 모를 일이었다
무릎과 발목에 남은 힘이 빠지는 걸 알면서도
발걸음을 내디뎠다
술을 담았던 주머니도 오래전에 비었다
눈꺼풀,
들어 올릴 수 없는 무게
멀리 떠나온 줄 알았으나
그를 수습했던 사람들은 이웃이었다
제자리를 걸어온 긴 여행은 끝났고
그를 수습했던 이웃들조차
이제는 아무도 그를 기억하지 않았다
그의 어깨에 실렸던 짐처럼 그도 보이지 않았다
짐을 진 사람도 그를 기억하는 사람도 남아 있지 않았다
그를 목격한 유일한 하늘엔
별들이 무심히 다른 곳을 보며 반짝였다

소란한 물고기

햇살이 볼록렌즈가 되어 정수리를 겨냥한다
땀방울이
목덜미를 간질이며 흘러내렸다

담임 선생님은
첫사랑 스토리로 시간을 삭제하는 마술을 보여주셨는데

교장은,
"에… 또 그러니까 다시 말해서 마지막으로"가 들어간
훈시로 흙먼지 풀썩이는 운동장 위에
학생 몇을 죄책감 없이 쓰러뜨렸다

머리 위에서 도돌이표 붙은 간판이 아우성이다
시끄러운 독백이 펄럭였다

보도블록 위엔 소중한 게 없는 줄 알면서도
고개를 숙이고 걷는다

다방의 티비 아래
탁한 수족관에서는 입 큰 물고기가 여전히 시끄럽다

빼기의 미학

N브랜드 빵 봉지에 써있다
아임 낫 브랜드
품질만 빼고 다 뺐어요

빵을 쏙 빼 먹고
비닐봉지를 휴지통에 버리며
속에 있던 말 한마디 같이 버렸다
"넌 쓰레기야!"

마음속 휴지통이 비워졌다

길 건너 헬스클럽
배너에 적힌 구호

'뼈만 빼고 다 빼 드림'

회원님들 바라는 건
'가격도 확 빼 드림'

개 같은 남의 편

서열은 아는 눈치다
노상 방뇨하면서도 부끄러움이 없다
사고를 쳐놓고도 쳐다만 본다
눈을 마주치는 것에 민감하나
대개는 꼬리를 감춘다
활동량에 비해 집중력은 부족하다
행동교정 하려면
쓰다듬고 칭찬하고 먹이를 줘야 한다
목욕을 싫어한다

암컷을 보면 힐끔거린다
개보다 크게 짖을 때도 있다
가끔 침대에 오를 수 있다
어딘지 늑대와 닮았다
재롱을 피울 때도 있다
접촉만으로 마음이 통할 때가 있다

가장 원하는 것은
아무도 곁을 떠나지 않는 것이다

사람일 지도 모른다

한국어로 된 책은 한식
중국어로 된 책은 중식
영어로 된 책은 양식
무협지는 무식
금지서적 금식
도서관 가는 길은 화려한 외출
겨드랑이에 끼면 구찌빽
가방 속 책은 도시락
고물가 고환율 고금리를 염려해서
고혈압 고지혈 고혈당 걱정일랑 미뤄 두고

홀로 탐닉하는 이 지적知的 만찬은
내 영혼을 풍요롭게 살찌우는 고요한 혼밥

책식주의

독서하는 시간은 식사 시간
책 한 권은 일용할 양식
도서관에서 빌린 책은 공짜로 얻어먹는 한 끼
서점에서 사서 보는 책은 돈 내고 먹는 한 끼
책방은 편의점
도서관은 뷔페
책 안 보면 단식
많이 보면 과식
자기 전에 보면 야식
읽은 책 또 읽으면 되새김
야설은 불량 식품
시는 특식
산문은 국밥
외국소설은 돈까스
만화는 간식
야외에서 읽으면 외식
몰래 읽은 책은 비만 위험
책 산다고 돈 달래서 딴 데 쓰면 무전취식

쓰다듬어 주는 것을 배운다
손에 힘을 주지 않고 움켜쥐지 않으며 부채 바람이 더위를 날려 주는
것만큼 부드럽게

몸을 기대올 때 흔들림 없이 버텨 주는 힘을 길러 준다

덮어 주는 것과 가려 주는 것과
막아 주는 것을 가르친다
기다려 주는 것을 가르친다
한자리에 선 채 사계절이 되돌아오는 것을 시간에게 배운다

마지막으로
고독을 배운다
바람 소리뿐인 눈 쌓인 응달에서도 외로움을 견딜 수 있는

그리하여
산은 학교, 나무는 선생님

사랑 학교

사랑 학교에선
선 채 움직이지 않는 자세부터 배운다

한 다리를 뒤로 들고서도 흔들림 없는 발레리나의
애티튜드처럼

그리고 스스로 향기를 몸속에 채우는 것을 배운다
그다음 숨을 쉬는 것을 배운다
단지 길게 내쉴 뿐이다

시선을 뺏기는 일 없이
선한 눈빛으로 바라보는 방법을 배운다
미소를 지으며 보는 것 너머를 보는 것처럼

듣는 것을 가르친다
상대방의 말이 끝나기 전에 어떤 일이 있어도 말을 끊지 않는
법을 배운다

상구 이야기

우리 동네에는
상구라 불리는 사내가 살았습니다

원래 이름은 성구였는데
어른들이 "상구야" 불러도 쳐다는 보았습니다

우리들은 멀찍이 피해 다녔습니다

상구가 상가지구喪家之狗를 줄인 말이라는 건
상구만큼 커서야 알게 되었죠

엄마가 치매 걸려서 좋아 죽겠다면서
웃고 돌아다녀서

동네 사람들은 다들
"저 못된 새끼 완전히 돌았다"고 했습니다

당뇨로 시력을 완전히 잃은 엄마가
치매라도 안 걸렸다면 갑갑해서
그 전에 미쳐 버렸을 것이라는 걸
상구만 알고 동네 사람들은 몰랐기 때문이었습니다

금붕어가 작은 어항에서 살아갈 수 있는 이유가
기억력이 없기 때문이라는 말은
사실이 아닐 수도 있습니다

밤에 출근하는 남자

의자를 뒤로 물러나면서
마흔세 번이나
노을을 본 적이 있다는
어린 녀석이 아득히 부러운 시간

노을은 서쪽 하늘에 불타는데
난 어둠을 향해 동쪽으로 차를 몰고 있다

멀어지는 노을, 백미러 속으로 작아지는데
차는 앞으로 간다
마음은 오래된 그리움처럼 후진 기어를 넣고 있다

하루를 마무리하는 붉은 숨결들

누군가는 따뜻한 집으로의 귀가지만
다시 시작되는 어둠의 입구다

밤을 삼키는 기계 속으로
스스로 발을 담근다

마침내 집에 도착해
드러눕는 사람을

손님 보듯 고운 눈으로
보아주세요

술손님도 손님이고
밤손님은 아니잖아요

박수로 맞아 주세요
마라톤보다 힘든 경주를 마쳤어요

골인해서
무릎을 꿇고 땅에 키스하고 있잖아요
신발도 벗지 못한 채

마라톤 맨

저 아저씨
갈지자 걸음 걷는 것은
까짓 귀소본능이 아니에요
그것보다 몇 곱절 강하죠

바로 걷겠다
곧바로 고 홈 하겠다는
뜨거운 의지가 보여요

가로막고 발목 잡는
달콤한 넝쿨과 싸우다
지쳐 저러는 거예요

New 미란다 경고

은팔찌를 드립니다

채워지는 순간부터 지상 최대의 보호를 받게 됩니다
그러니 저항하지 마세요
저는 당신의 보호자입니다
당신의 안전을 국가가 책임집니다

당신을 위한 철옹성이 준비되어 있습니다
결혼반지를 아름다운 구속이라 하지만
수갑과 비교할 순 없죠

샤넬과 아우디도 부러워할 디자인의
아름답고 완벽한 팔찌를 선물합니다

당신은 VVIP
아무것도, 아무 말도 하지 않으셔도 됩니다
국선변호사의 조력을 무료로 받을 수 있습니다
의식주와 의료서비스가 무상으로 제공됩니다

그런데 도망은 왜 다니셨어요?

여고 졸업반

"아저씨 잠깐만요"

밤 근무 마치고 퇴근하는데
키 작은 여자애가 달려와 차 앞을 가로막는다

"왜 그러니?"
"버스를 놓쳤어요
원주 시내까지 가야 하는데 버스 좀 잡아주세요
오늘 기말고사거든요"

타라는 말도 안 했는데 뒷문을 열고 올라탄다
오호라 맹랑한 녀석

"어느 학교 다니니?"

"방송통신고등학교요,
중학교도 방통중 졸업했어요,
방통대도 갈 거예요"

"이름이 뭐야?"
"옥순, 최.옥.순."

"몇 살?"
"일흔세 살이에요, 7학년 3반"

어머니는 이불 속으로
도둑놈은 담을 넘어 달아났답니다

둘의 눈이 마주친 건
새끼 병아리와 어미 닭이 껍데기를 쪼는 순간처럼
딱 들어맞는 순간이었더랍니다

호래이 눈보다
무서운 게 사람 눈이라고 하셨습니다
밤손님도
사람 눈이 그토록 무서운지 알게 됐을까요

노름판에 가셨던 아버지는
해가 중천에 뜬 다음에야
토끼처럼 빨간 눈이 된 채
들어오셨답니다

밤손님과 어머니

일곱 남매 중 다섯은
태어나지도 않았던 시절 얘깁니다

바람이 초가지붕을 들썩거리며
벽에 기대 놓은 세간살이를 밤새 흔들어 대던
겨울밤이었습니다

분명히 마당에서 발자국 소리가 나는데
아버지 발자국 소리가 아니더랍니다

안팎의 두 사람은 소리 나지 않게
무릎을 꿇었을 겁니다

숨을 참고 뚫린 창호지 속 세상을 훔쳐봤겠지요
서로의 얼굴이 닿을 정도로
가까운 줄도 모르고요

그들은 무얼 보았을까요
너무 놀라 소리도 지르지 못하고
거울처럼 똑같이 뒤로 벌렁 나자빠지지 않았을까요

마음엔 색안경도 있답니다
폼 잡으려고 쓰는데
아무도 안 보는 터널 속에서도 쓰고 있다가
컴컴한 시간을 보내기도 합니다

마음의 거울도 있답니다
부끄러워서 못 본답니다

못난 건 알아 가지고

마음의 거울

누구에게나 마음의 돋보기가 있답니다
햇볕을 모아 쫀디기를 구워 먹을 수도 있는데
귀찮아서 활용을 안 한답니다

또 마음의 망원경도 있답니다
먼 곳에 있는 미래도 당겨 볼 수 있는데
두려워서 안 본답니다

마음의 현미경도 있답니다
맘만 먹으면
제 마음을 쪼개고 쪼개서
원자핵과 전자만 한 것도 볼 수 있지만
아끼느라 안 본답니다
아끼다 똥 되는데

자승자박 영어의 몸이 되었던 사람들

수갑 키를 넣고 해체하면
넘실거리는 자유가 문밖인데

느린 걸음으로 가던 길마저 머뭇거리고 있다

은퇴는 뒷걸음처럼

탄탄한 가슴을 가졌던 이들이
언제부턴가 뒷짐을 지기 시작했다

삼십 수년간 뒤 춤에 수갑을 넣고 다니며
검은 손목마다 철컥철컥
차가운 수갑을 채웠던 손을 뒤로하고

왜 뒷수갑을 찬 피의자처럼
고개를 떨구고 걷는 것일까

이십 대 후반에 들어서자
내 청춘을 수갑 채운 채

나이 육십이 되도록
반쯤은 외박하고
반쯤은 한쪽 눈만 뜬 채
새벽을 맞은 사람들

어머니는 커다란 다라이에
뜨거운 물 가득 붓고
나를 홀랑 벗겨 담그셨습니다

빨간 이태리 타올로
살갗이 벗겨지도록 밀어주셨습니다

씻지 않고 살던 그때가 떠올랐습니다
없이 살아도 없는 줄 몰랐던 그때

사람은 다 때가 있다는 말도
이제야 알게 되었네요

때 이야기

잠 못 들고 누워있으면
멀리서 들려오던 기차 소리
작았다 커졌다 다시 작아져 아련히 사라지곤 했습니다

검은 화차처럼
검은 때도 일어났습니다

어머니는 씻지 않은 아들을 보며
"까마귀가 보면 '삼촌' 하고 따라오겠네"
웃으며 놀리셨지요

여름날 개울에서 멱 감은 후
설날까지 물 한 번 닿지 않았던 작은 몸뚱이

손등, 무릎, 팔꿈치, 목 뒤에도
덕지덕지 때가 앉았지요

전쟁고아와 다를 바 없던 시절에도
설을 쇠려면, 씻어야 했죠

젊은 아들은 양손에 낀 이태리 타올로
있는 힘껏 아버지 등의 때를 미는데,

빨간 프라스틱 의자에 머릴 묻고 앉은
아버지는 속으로 생각한다
'애빌 아주 홀랑 벗겨 먹을 놈이로구나'

눈에 들어간 비눗물이 청양고추보다 맵다며
세상 속에서 흘리지 못한 눈물을 샤워기로 흘려보내고

바나나우유 240밀리 한 병으론
해소 안 될 갈증을 안고 나와
담뱃불을 붙인다

목욕탕의 사내들

아아아아아아아아아
아아아아아아아아악

티비 뉴스에 고개 돌린 팔다리 가느다란 세신사의 팔꿈치가
엎드려 있는 배불뚝 사나이의 견갑골 사이 능형근을
무심히 짓이기고 있다

시원한 것과 고통 사이에서 새어 나오는
신음과 비명 사이

10년 전만 해도 성질머리 급해서
5분도 못 참고 열탕에서 뛰쳐나왔던 사내들이 숭숭해진 머리를
수면 위에 내놓고 탕 속에 길게 드러누워 나올 줄 모른다

얼굴만 봐선 짐작하기 어려운 것은 몸매만이 아니다

장승놀이

"금방 올 테니, 어디 가지 말고, 여기에 꼭 있거라"
엄마는 다짐을 받고 뒷모습을 보이며
빠른 걸음으로 사람들 속으로 사라져 갔습니다

"금방 올 테니 어디 가지 말고 거기 서 있어요"
아내의 한마디에
마트 손님들 틈에 압정처럼 박혀 있습니다

꼬로록, 스르륵 눈꺼풀은 천근인데
아내는 아직, 오지 않습니다
어느새 소년의 머리 위엔
하얀 눈이 가득 쌓였습니다

맨발 슬릭백

숲속 눈길을 맨발로 걸었지
슬릭백 스텝을 밟듯이

한쪽 발이 눈 위에 닿기 전에 다음 발을 내딛고,
그 발이 다시 눈에 닿기 전에 또 다음 발을 내디디며,
물 위를 걷듯 사뿐사뿐 나아갔어

깊은 밤,
먹이를 찾아 사람의 마을로 걸어오는 짐승들의
작고 시린 발바닥과 홀쭉한 뱃가죽을 떠올렸지

한겨울에 일부러 얼음밥을 깨물어 먹었다는
시인을 생각하며 발걸음을 내디뎠어

어느새 발바닥에 열이 오르고
가슴에선 더운 피가 울컥울컥 솟구쳐 올랐어

콧구멍에선 하얀 김이 나오고,
머릿속은 겨울 강 얼음 아래를 흐르는 물처럼 투명해졌지

공중을 날거나 물 위를 걷는 것이 아니라,
그저 맨땅을 맨발로 걷는 것이 기적이라는 걸
'동토대장경' 한 장을 읽으며 깨달았어

초병은 고향의 애인과 캐럴 속을 팔짱 끼고 걸었네
눈 덮인 산을 보며 혼잣말을 했네
휴가는 아직 십 개월이 남았건만
휴가복은 반짝반짝 날을 세워 놓았지
워커의 물광 위로 취침등이 반짝이고,
왼쪽 가슴 명찰 아래 주머니에 넣고 다니던
시 적힌 껌 종이 꺼내
화장실에서 읽으며 세월은 흘렀어
고통의 시간 속에서도 국방부 시계는 쉼 없이 돌아갔고,
눈은 말번 근무가 끝나도록 그치지 않았어
교대 근무자 그림자조차 보이지 않던 그곳

폭설

그 겨울, 천도리에 내리던 눈은
지금도 가로줄을 그으며 휘몰아칠까
페바 지역의 눈송이는
마치 군단 병력이 횡대로 이동하는 듯 보였지
뚜뚜뚜 비상벨이 울리면,
지붕이 내려앉을 만큼 무거웠던
막사 위 눈을 당장 끌어 내려야 했어
움츠린 목의 빈틈으론 면도날 같은 바람이
시린 살을 긋고 지나갔지
왕릉 같던 155밀리 포상과 초소
눈꺼풀이 덮이듯 눈이 덮이면
보초 서다 스르륵 잠들기도 하던 밤

제2부

은퇴는 뒷걸음처럼

장악掌握

아들에게 차를 빌려줬더니
어렵게 씌웠던 겨울용 핸들 커버를
홀랑 벗겨 놓은 채 반납을 했다

오호라! 이놈,
장악掌握의 의미를 아는구나

귀한 걸 움켜쥐려고
불필요를 버릴 줄 알고

계엄으로도 장악할 수 없는 진실이
시린 손보다 소중하단 걸 알았구나

핸들을 움켜쥔 손처럼
너의 삶은 네 손에 달려있다

삶을 붙들고 놓치지 않는 힘
악력에 있다

취선 醉仙

그 이름 높다 하나
술 없인 시 한 줄 못 쓰네

달빛 아래 술병 껴안고
붓끝에 흐르는 건 정녕 시인가, 술인가

계곡엔 물고기 떼 노닐건만
핏줄 속에 오직 술 흘렀네

주량은 강호 제일
시제는 술병에 갇혀 있네

술 없는 날
달 볼 일 없으니

사람들아, 속지 마오

그의 시,
모두 술이 만든 것

술도가에 술 끊기고
시 또한 끊겼느니

제 목숨도 반쯤 운명에 맡기고
반만 책임질 건가

한쪽 다리로만 선 듯
불안한 균형을 잡고 있다

반쯤 시민이고 반쯤 국가인 경찰이
밖에선 열리고 안에선 열리지 않는 차에 태웠다

인생의 반을 술로 보낸 양반
술집에서도 반만 환영한다

반반한 남자

술 취한 남자가 쓰러져 있다

인도에 반, 차도에 반
상체 하체 반반 걸쳐 놓았다

반쯤 의식이 나가 있고
반쯤 남아 있는 그는

반쯤 내 몸이고 반쯤 남의 몸인 듯
일어나지 못한다

반은 사람이 술을 마시고
반쯤 술이 사람을 마셨나

적재함에 실려 있던 열댓 젊은것들의 표정이
일제히 꽃으로 피어났다

"감사합니다아~~~" 합창 소리에
엔진 소리가 묻혔다

뒤돌아선 경찰관 얼굴에 꽃잎이 벙글었다

꽃을 실은 트럭

얼레
저거시 뭔 상황이댜?

1톤 화물차에
싱싱한 배추 같은 젊은이들을
그득 실은 차가 순찰차와 정면으로 마주쳤다

"아니 짐칸에 사람을 싣고 다니시는 게 어딨슈?"

"아유 한 번 봐주셔"

"아니 위험하니까 그러쥬"

"그러지 말고 한 번 봐주셔"

"담부턴 그라시믄 못 봐드려유"

"고맙수"

우리 집 하느님

아빠! 하느님이 정말 있어?

그럼, 너도 축구 구경하며

우리 편 이기게 해달라고 기도해서 이긴 적 있지?

응!

하느님은 이기는 편에만 계시지

아빠, 그런 말 하면 죄받는대

아빠는 안 겁나

그분이 제일 잘하시는 일은 용서거든

책 서리

도서관에서 빌린 여섯 권을 백팩에 넣고
궁둥이를 치켜들고 페달을 밟는다

뒤가 묵직하지만
똥 마려운 것과는 다른 무게감이다

만화책을 잔뜩 넣은 것 같기도 하고
빵집에서 빵을 사서 가방에 빵빵하게
넣고 집으로 가는 기분이다

읽어도 읽어도 기억에 남는 건 없지만
먹어도 먹어도 살찌지 않는 빵
공갈빵 아닌 공짜 빵이다

책 맛을 진작 알았더라면
비만 걱정 없이 한 만 권쯤 먹고 갈 수도 있었을 텐데

늦게 배운 도둑질 밤새는 줄 모른다
초짜 도둑, 오늘 밤도
졸라 빡세게 훔쳐야겠다

책 서리는
위법성 조각 사유에 해당된다

계속 고개를 들었다
힘없이 떨궜다 하고 있습니다
말씀을 듣고 끄덕이는 것 맞겠죠?

크신 하느님 아버지 작은 아버지에게
속 시원한 답을 좀 알려주세요

저만큼이나 작아진 아버지
점점 작아지다가 사라지실지 몰라요

작은 아버지, 크신 아버지

작은 아버지가
의자에 앉은 채 꾸벅꾸벅 졸고 있습니다

그는 밤새 오른쪽에 성경을 두고
연필로 밑줄을 그으며 묵독했습니다

아! 물론, 왼쪽엔 주식 어플도
환하게 켜 놓았습니다

무릎을 꿇는 대신 다리를 꼬고
두 손을 모으는 대신
양 주먹을 힘껏 쥐었다 폈다 하시네요

크신 하나님 아버지,
작아진 나의 아버지를
깊은 잠으로 인도해 주소서
패잔병처럼 지쳐 보이나이다

팔각정이 목격자다

낮부터 막걸리를 거하게 드신 노인이
정자에 누워 자다가 반지갑을 놓고 갔다

졸지에 버림받은 낡은 지갑엔
만 원권 아홉 매,
천 원권 여섯 매가 칼잠을 자고 있었다

길 가던 바이크족이 아니었다면,
때마침 순찰차가 정자 앞을 지나가지 않았다면,
지갑과 주인의 인연도 끝날 뻔했다

안방에서 큰대자로 누워 코를 골던 지갑 주인은
경찰관이 다녀간 것이 꿈이었는지 생시였는지도 모를 테고

바이크족과 경찰관도
그 일을 곧 잊을 테지만

땡볕을 등으로 가려 주던 정자는
7월 어느 덥던 목요일 낮의 해프닝을 기억할 것이다

기억 도난사건

파출소에 초등학생만 한
할머니 한 분이 들어오셨다

도장은 있는데 통장을 누가 훔쳐가서
뭘 사 먹고 싶어도
돈을 못 찾겠다는 말씀이시다

혼자 사는 게 왜 이렇게 힘드냐며
아무것도 못 드셨다고 하셨다

"통장만 훔쳐가는 도둑은 없어요. 할머니"

윗주머니에 있던 만 원 한 장을 드렸다
뭐라도 일단 사드시라고,

나머지 한 장을 마저 드릴 걸 하는 생각이
점심때까지 나를 따라왔다

할머니 기억은 누가 훔쳐갔을까
그 놈이 범인이다

아홉 남매를 낳으신 어머니는
은총이 가득하신 마리아를 부르시고,
마리아처럼 사시다
자녀와 증손자까지 하느님 앞에 인도하시고
가벼이 가셨다
자손이 한 사람도 빠짐없이 한곳에 모여 만날 수 있는
마지막 선물을 안겨주고 가셨다
어머니 안 계신 첫겨울을 맞습니다
추울 때 안 가시고 9월에 가주셔서 고맙습니다
저는 청보리 출렁이는 봄만 되어도 좋겠다고
바랐는데,
더 오래 계시다 가셔서 고맙습니다
아베 마리아,
당신께 하례하나이다

마리아[*]

입관식 할 때도,
한 사람은 빈소를 지켜야 했다
그 한 사람 역할을 하느라
나는 참여하지 못했다
막내며느리가 해 드린 수의를 입었던
어머니의 마지막 모습은
사십구재 되던 날에야 전해 들었다
어머니의 큰아들은
준비했던 제문을 읽으며,
마지막 모습이 성모 마리아와 똑같았다며
목이 메이셨다
아버지 같은 큰형님이 무릎 꿇고 엎드린 채
울음을 삼키시는 모습은
처음이자 마지막일 일이다
나만 빼고 이구동성으로
성모 마리아의 모습을 보았다 한다
어머니 앞에선 모두 온순한 어린 자녀들.
백 세 되시도록 평생 임수산나로 사시며
성호를 긋고 기도하셨던 어머니는
영락없이 누워 계신 성모 마리아셨단다

---

[*] 어머니 세례명

그으래?

반만 맞아봐라 이년아
겨울이 반만 남았니, 이년아
아랫도리는 안 춥니, 이년아
엄마 지갑도 반지갑이다, 이년아
머리도 반은 비었니, 이년아
밥도 반만 처먹어라, 이년아

때리다 지친 엄마는 허리가 반으로 접히고
무릎도 반으로 접혔습니다
기운도 반만 남았습니다

딸년은 기럭지가 반의반도 안 되는 치마를 입고도
두 배나 빨리 대문 밖으로 사라졌습니다

숏패딩

소한 추위
올해도 얄짤없습니다

장롱을 뒤져 보는데
없다
작년에 사 준 노스페이스 롱패딩

오호라, 저 계집애
못 보던 허리 잘록한 잠바를 입고 있다

배꼽티처럼 옆구리 살이 허옇게 드러나는데
출처가 어딘지
엄마는 그것이 알고 싶다

"엄마 올해는 숏패딩이 유행이래
노페는 중고 나라에서 반값에 팔고 새로 샀어"

"지는 게 이기는 거여"

괴롭고 힘들 때 최고의 위안은,
자기보다 더 고통받는 존재를 바라보는 것이다
라고 쇼펜하우어라는 철학자가 얘기했다고 하면
울 어머니 또 간단히 요약해 말씀하셨을 거다

"사람은 내려다보고 살아야지 올려다보고는 못산다"

귀에 쏙쏙 들어오던 족집게 수업
꿈속에라도 가끔 출강해 주세요

철학 에세이

"어머니,
로스케가 전쟁을 일으켜서
우크라이나 전쟁 피해액이 어마어마하답니다"

"똑같으니 싸우는 거여"

육이오 전쟁 치르시고
전쟁 통에도 9남매 낳으시고
밤마다 사랑과 전쟁 치르시고
출산 전쟁
육아 전쟁에 생계 전쟁까지
백전백승하신 어머니

살아 계셨을 때 같으면
어둑한 방 남폿불 아래 구부리고 앉아
바느질에 집중하시다가도
바늘에 머릿기름 쓱쓱 문대시며
또 한 말씀 하셨을 것이다

사람을 남기고 떠난 사람

"호사유피 인사유명虎死留皮 人死留名"이라는
말을 들으시고,

어머니는 웃으셨다

"호래이 가죽을 빨아먹을 수 있나
이름 석 자를 뜯어먹을 수 있나

이 늠들아, 여자는 죽어서 자식을 남긴다!"

어머니는 명언을 남기셨고,

남겨진 우리는 살아있는 유산이 되어
호랑이 가죽보다 쓸모 있게 살아가고 있습니다

돼지몰이꾼

돼지를 몰고 가는 어린 소년이 있다
커다란 몸집에 털 사이 분홍빛 속살이 드러난 녀석은
짧게 말린 꼬리 밑으로 물 찬 풍선 같은 불알 한 세트를
삐뚤빼뚤 불규칙하게 털렁이며 걷는다

소년은 가느다란 회초리를 한 손에 들고
돼지가 길을 벗어나거나 멈추려 할 때면 엉덩이를 툭툭 친다
그러면 돼지는 다시 순하게 앞을 향해 걷는 것이다

힘들이지 않고 돼지를 모는 소년의 솜씨는 능숙했다
돼지 같은 내 마음을 가볍고 능숙하게 몰아가는 사람
그 사람이 나였으면 좋겠고, 돼지가 나여도 괜찮겠다
회초리가 나인들 어떠랴

그도, 돼지인 나도 가고 싶은 곳
가야 하는 곳까지 갈 수 있다면

가끔 한눈을 팔고 길에서 벗어났어도
다시 돌아올 수 있는 가벼운 일탈일 뿐

결국 도착한 곳이 돼지우리거나 한 평 무덤 속일지라도
돼지처럼 껄껄 웃으며 만족한 내가
불만족스러운 소크라테스보다 낫다 할 수 있지 않겠나

그 아비에 그 아들 손자
갈팡질팡 우왕좌왕
좌충우돌 좌고우면

닮은 거
1도 없이
안일安逸하고
안이安易하게 살고 있다

한-자 아버지, 갈지之자 아들

어머니한테 전해 듣기로는
나 여섯 살에 돌아가신
아버지는

입이 한-자
눈매도 한-자
술을 잡숫고 걸어도
팔자 걸음 갈지자 걸음 어림없고,

꼿꼿한 허리로
올곧은 1자 걸음에
성질도 꼬장꼬장하시던
빳빳한 1자 성질을 가지셨다 한다

세상 떠나실 때도 한-자로 누워
단정하게 묻히셨다던데

거북 등껍데기처럼 뒤집힌
곰과 '콩'을
동시에 뒤집으니, 아, 숨이 쉬어진다

겨우
윤문이다
다듬고 고쳐야 한다

쓰러진
우유병이 "아야!" 비명 지르면

일단 세우고 볼 일이지 않은가

곰공

곰을 거꾸로 세우니
겨우, 문이다

들어가기만 하는 문이 어디 있나
나올 수도 있어야 비로소 문이지

출입문이든 입출문이든
열려 있어야 문이다

듣도 보도 못한 글자 하나,
뒤집어 놓으니 윤이 난다

폭탄주색 얼굴에도
밴질밴질 윤이 난다

나이아가라는 눈으로 보면 내가 휩쓸렸고
들으면 내가 사라졌다

만년설 녹아 생긴 스위스의 폭포는
아래에서는 처음 본 폭포처럼
못된 누군가가 싸지르는 오줌발이었다

그날 이후로 나는 물가에만 서면 오줌이 마려웠다
몸속의 물도 제 갈 길을 알기 때문일까

합쳐지고 아래로 떨어지는 순리를 지켜야 하는데
누워서 오줌을 싸려하다니,

물길이 향하는 길 끝,
깨달음은 그보다 낮은 곳에 있었다

상선 上善

눈 감고 '아' 해봐,
틀림없이 먹을 것을 기대했겠지

마루 위 녀석은 바지를 무릎까지 내리고
마루 밑에 선 녀석의 입에다 오줌을 갈겼다

내가 본 최초의 오줌 폭포,
그 물줄기는
입으로 내리꽂혔고,
그 홈은
기억으로 깊이 패었다
동네 지주의 손자는 그래도 탈이 없었다

더 큰 폭포는 아들의 오줌발
물을 때리는 소리,
물의 비명과 섞여 들렸다

AS도 부품교체도 없이
최소 품질보장 기간
육십 년

머릿속이 비거나
소갈머리 주변머리 없는 증상 등
잔고장은 머리 주변에서만 발생합니다

단점은 겨우 하나,
소음이 좀 있다는 건데
도대체 그걸 새로 장만하겠다는 이유가 뭡니까?

음식물처리기

음식 종류를 가리지 않습니다

찬밥 더운밥
간식 야식도 OK
술도 꿀꺽, 물도 벌컥벌컥

사시사철 강력한 모터로 분쇄하고
건조하는 동안 냄새도 나지 않고
찌꺼기를 버리러 한겨울 잠옷 바람에 덜덜 떨며
집 밖을 나갈 필요도 없습니다

휴대도 편리하고 청소가 간편하고
친환경 분해 방식에 초파리 걱정 없고
무상대여도 가능합니다

신들린 듯 삼키고 돌려서
몽키 바나나만 한
결과물 하나를 내놓는 게 전부입니다

겸손謙遜을 가르쳐 준 아이

손을 들고 횡단보도를 건너는 아이
어라, 이제 보니 양손을 번쩍 들었구나!

반짝반짝 어린별
작은 손을 쥐었다 폈다 하는구나!

그래 잘도 보인다
별 두 개가 지나가는구나
잘 보라고 반짝여 주며 건너는구나!

딴짓하던 한 손을 핸들 위에 얹었다

아이에게
겸손을 배웠다

주머니 속 이야기

아버지 젊을 적엔
주머니 속에 어머니를
넣어 다니고 싶었다는데

어머니 고쟁이엔
헝겊을 꿰매 붙인
돈주머니만 붙어 있었다

깊이 감춘 그곳엔
믿을 놈은 없고
믿을 건 돈뿐이더라는 믿음만 들어있었다

육성회비 내야 한다는 말에
몸뻬 바지 고무줄 속으로
한 손 쑥 집어넣어 꺼내시던 것은,

자식들 몫으로 남겨둔
아랫목 이불 속의 따뜻한 밥 한 사발

일곱 개의 크고 작은 마른 씨앗들이
제대로 싹을 틔울 수 있기를 고대하던
연금술이었다

가끔 잊었던 이름처럼 그가 떠오를 때가 있습니다
괜찮지 않아도 된다고
아픔도 언젠가는 얘깃거리가 될 거라는 말도
술이 전하는 언어였습니다

그가 오늘 당신과 같은 곳을 바라보며
당신 얘길 들으려고
곁에 앉았습니다

술잔이 비었습니다

술의 언어

술에게 돌을 던지지는 맙시다
술 아니었으면 어쩔 뻔했습니까
태어나지도 못했을 사람도 있지 않습니까?

땀 흘리고 나면
물보다 시원했던 것도 술이었잖아요
시간이 신의 다른 이름이라면
술도 물의 다른 이름입니다
정말 술과 헤어질 결심이라면 잠시 멈춰보세요
술은 유용성을 넘어 존재 자체로 쓸모가 있습니다
나도 그랬으면 좋겠습니다

살아가는 동안 내가 술병 속의 술처럼 흔들렸을 때
술도 길을 잃고 넘어졌지만
곁에 말없이 있기만 해도 좋지 않았나요?

나무가 햇살을 따라 움직이듯
술은 언제나 사람을 보고 있습니다

제1부

꽃을 실은 트럭

/ 차 례 /

제3부   부끄러워하지 말자

뭉툭한 칼끝 74 / 어떤 대화 76 / 봄날의 취기 77 / '그'로 시작되는 이해와 소안 78 / 소나무를 닮지 마세요 80 / 농담 같은 진실 82 / 잃어버린 음역 83 / 향수 84 / 당신이라는 풍경 85 / 야간 순찰 86 / 벌새 할머니 88 / 시인의 정원 89 / 기억해내야 할 것 90 / 어금니 두 개 91 / 부채질 92 / 부끄러워하지 말자 93 / 남자는 땅, 여자는 하늘 94 / 오산 95 / 공존의 아침 96 / 땅에서 찾은 별 98

제4부   필기체로 쓴다

연애박사 100 / 비상 102 / 경청 104 / 고양이로 105 / 벚꽃 구경 106 / 소유한다는 건 107 / 두 경감 이야기 108 / 사라진다는 말 110 / 거꾸로 가는 시계 111 / 아버지 112 / 필기체로 쓴다 114 / 적막한 숲 115 / 빗속의 여인 116 / 시인의 마을 117 / 도정 김, 남, 권 118 / 헬조선 120 / 달빛 순찰 122 / 세 시간 만에 끝난 역모 123 / 지팡이에 비친 노을 124 / 아파트로 이사하신 아버지 126

시인의 말 4

제1부 꽃을 실은 트럭

술의 언어 10 / 주머니 속 이야기 11 / 겸손을 가르쳐 준 아이 12 / 음식물처리기 14 / 상선 16 / 곰곰 18 / 한-자 아버지, 갈지자 아들 20 / 돼지몰이꾼 22 / 사람을 남기고 떠난 사람 23 / 철학 에세이 24 / 숏패딩 26 / 마리아 28 / 기억 도난사건 30 / 팔각정이 목격자다 31 / 작은 아버지, 크신 아버지 32 / 책 서리 34 / 우리 집 하느님 35 / 꽃을 실은 트럭 36 / 반반한 남자 38 / 취선 40 / 장악 41

제2부 은퇴는 뒷걸음처럼

폭설 44 / 맨발 슬릭백 46 / 장승놀이 47 / 목욕탕의 사내들 48 / 때 이야기 50 / 은퇴는 뒷걸음처럼 52 / 마음의 거울 54 / 밤손님과 어머니 56 / 여고 졸업반 58 / New 미란다 경고 59 / 마라톤 맨 60 / 밤에 출근하는 남자 62 / 상구 이야기 63 / 사랑 학교 64 / 책식주의 66 / 개 같은 남의편 68 / 빼기의 미학 69 / 소란한 물고기 70 / 여로 71 / 외로움 처방전 72

다시 술을 입에 대기로 스스로 정한 날짜가 300일 정도 남았습니다.

알코올과 카페인과 니코틴을 멀리하고
요가와 맨발 산책을 하며 건강한 몸으로 다시 술을 마주할 날을 기다립니다.

암호 같은 詩를 썼던 시인에게 누가 물었답니다.
"선생님의 시는 무슨 의미를 담고 있나요?"
그러자 웃으면서 이렇게 대답했답니다.
"이 시를 쓸 때는 저와 신이 그 뜻을 알았죠."
"그런데요?"
"이제는 신께서만 아십니다."

저의 시는 깊지도 높지도 난해하지도 못합니다.
눈치채지도 못할 만큼이라도 작은 미소로 독자의 표정이 달라지길 바라는 마음으로 씁니다.

아내이자 연인이자 어머니인 조영미, 걱정까지도 스스로 하겠다는 내 인생의 자랑과 보람 한태희, 한홍희 두 아들에게 사랑과 고마움 전합니다.
김남권 선생님과 문우들께 감사드립니다.

2025년 8월 폭염 아래
한상대

시인의 말

십년한창十年寒窓이라는 사자성어를
카톡 프로필 대문에 써 붙였습니다.
십 년 동안 사람이 찾아오지 않아 쓸쓸한 창문이랍니다.
외부와 접촉을 끊고 오랫동안 학문에 정진하여 성공하는 것을
비유하는 말이지만,
2017년부터 술 하나 중단했을 뿐입니다.

십년한창의 한이 한가할 한閑이 아니라 찰 한寒입니다.
머릿속이 한가하여 서늘한 바람이 불었으면 하는 바람이 있습니다.

35년간 외근경찰을 하면서 그중 절반을 외박했고,
순찰차 안에서 하얗게 밤을 새웠습니다.
나이에 비해 하얗게 센 눈썹이 증거로 남았습니다.
눈 뜨고 새벽을 맞이하는 것이 좋았습니다.

비상은 많았고 일상은 적었지만,
한가한 시간은 퇴직 후로 미뤄 두었습니다.

시 속에 술이 많이 등장하는 것은 아직도 술에 미련이 남아 있기 때문일 겁니다.
퇴직까지 술을 끊기로 했고

☾ P.S 기획시선 10

야
간
순
찰

한상대

야간 순찰

펴낸날 2025년 10월 15일

지은이 한상대
펴낸이 주계수 | **편집책임** 이슬기 | **꾸민이** 허유진

펴낸곳 밥북 | **출판등록** 제 2014-000085 호
주소 서울특별시 마포구 양화로 156 LG팰리스빌딩 917호
전화 02-6925-0370 | **팩스** 02-6925-0380
홈페이지 www.bobbook.co.kr | **이메일** bobbook@hanmail.net

© 한상대, 2025.
ISBN 979-11-7223-113-2 (03810)

※ 이 책은 저작권법에 따라 보호받는 저작물이므로 무단전재와 복제를 금합니다.
※ 이 책은 강원특별자치도, 강원문화재단 후원으로 발간되었습니다.

야
간
순
찰